Andrea Maria Virzì

IL FLAUTO TRAVERSO

Metodologie
di alcuni processi fisiologici, economici e digitali

Andrea Maria Virzì

IL FLAUTO TRAVERSO

Metodologie
di alcuni processi fisiologici,
economici e digitali

Indice

Premessa

L'arte, nel suo significato più ampio, comprende ogni attività umana svolta singolarmente o collettivamente che, poggiando su accorgimenti tecnici, abilità innate e norme comportamentali derivanti dallo studio e dall'esperienza porta a forme creative di espressione estetica.

[1]Nella sua accezione odierna l'arte è strettamente connessa alla capacità di trasmettere emozioni per cui le espressioni artistiche, pur puntando a trasmettere "messaggi", non costituiscono un vero e proprio linguaggio in quanto non hanno un codice inequivocabile condiviso tra tutti i fruitori ma, al contrario, vengono interpretate soggettivamente.

Certamente esiste un linguaggio oggettivo che prescinde dalle epoche e dagli stili e che dovrebbe essere codificato per poter essere compreso da tutti.

---

[1] **J. A. SLOBODA** *La mente musicale.* Oxford. 1985. Il Mulino. 1998

7

L'arte deve essere considerata, inoltre, anche sotto l'aspetto di una professione di antica tradizione svolta nell'osservanza di alcuni canoni codificati nel tempo. In questo senso le professioni artigianali, quelle cioè che afferiscono all'artigianato, discendono spesso dal medioevo quando furono in qualche modo sviluppate come attività specializzate e gli esercenti arti e mestieri vennero riuniti nelle corporazioni. Ogni arte aveva una propria tradizione i cui concetti fondamentali venivano racchiusi nella regola dell'arte e a cui ogni artiere doveva conformarsi.

Arte che quindi diventa e favorisce da sempre processi economici e che sempre più spesso vede al suo interno il perfezionarsi di regole economiche.

La musica in particolare negli ultimi decenni ha visto allargare a dismisura i propri fruitori e fautori.

[2]La musica è da considerarsi come l'arte e allo stesso tempo la scienza del suono.

Arte in quanto costruisce quel complesso di norme pratiche idonee a conseguire determinati effetti sonori che riescono ad esprimere l'interiorità dell'individuo.

Scienza in quanto attraverso lo studio e la ricerca di tutte quelle leggi fisiche da cui si sviluppano i suoni e dell'analisi dell'intima struttura di tutte le regole che costituiscono il linguaggio musicale si fa opera strettamente scientifica.

Il significato del termine musica non è comunque univoco ed è molto dibattuto tra gli studiosi per via delle diverse accezioni utilizzate nei vari periodi storici.

Etimologicamente deriva dall'aggettivo greco "mousikos" relativo alle muse (figure della mitologia greca e romana) e riferito in modo sottinteso a tecnica, anch'esso derivante dal greco "techne". In origine il termine musica non indicava una particolare

---

[2] M. DELLA CASA *La comunicazione musicale e l'educazione.* Brescia. Ed. La scuola, 1985

arte bensì tutte le arti delle Muse, e si riferiva a qualcosa di "perfetto".

Essendo quindi innata e piacevole oltre ogni aspettativa l'uomo ha costruito attorno alla musica interessi colossali che hanno portato alla nascita di regole economiche apposite.

Enorme importanza nella musica è rivestito dall'interprete che traduce in suono ciò che il compositore ha trascritto su carta mediante un linguaggio grafico-simbolico che discretizza nel tempo il continuo sonoro dell'opera musicale.

Egli svolge un ruolo in parte operativo, nel senso che deve realizzare esattamente ciò che è scritto e in parte creativo poiché deve completare in maniera stilisticamente corretta e talvolta anche inventare gli elementi e i gesti esecutivi che il linguaggio di notazione non consente di esprimere in termini dettagliati, o che il compositore ha volutamente lasciato arbitrari.

Ed è proprio l'interprete che spesso traduce in guadagni enormi il lavoro dell'apparato industriale che ruota attorno alla musica.

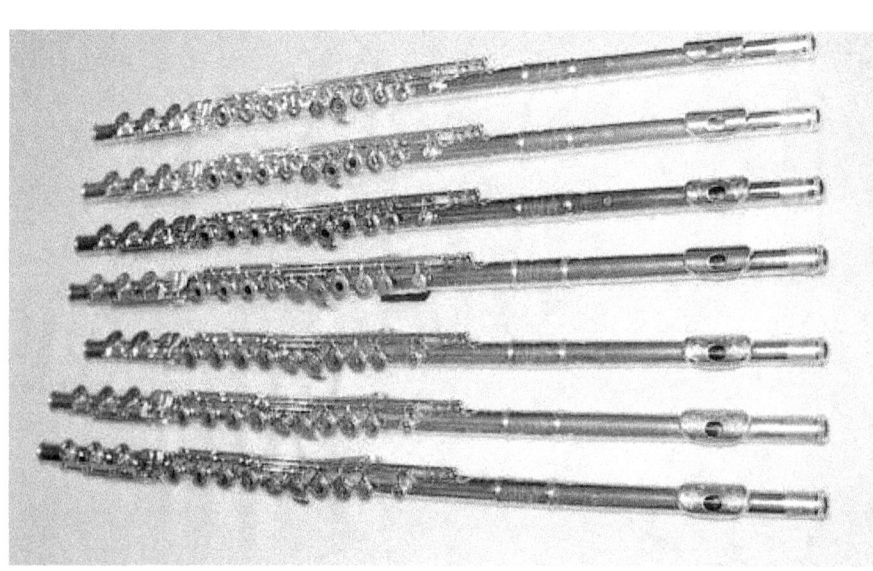

CAPITOLO I

GLI INTERESSI ECONOMICI DELLA MUSICA

LA FABBRICA "MURAMATSU"

Come espressamente detti precedentemente essendo quindi innata e piacevole oltre ogni aspettativa l'uomo ha costruito attorno alla musica interessi colossali che hanno portato alla nascita di regole economiche apposite.

Sono nate, ad esempio, le società che gestiscono i diritti d'autore come in Italia la SIAE (Società Italiana Autori Editori) o case discografiche che sempre più spesso gestiscono volumi di affari importanti.

Con la fruizione di un sempre più congruo numero di persone che si cimentano nello studio di uno strumento musicale sono nate, inoltre, molte case costruttrici di strumenti musicali.

In questa lotta per il dominio economico del settore a livello mondiale le società giapponesi hanno avuto, negli ultimi decenni, una parte importantissima.

Basti pensare che il settore della costruzione dei pianoforti fino agli anni settanta era dominato dai pianoforti tedeschi, settore che invece oggi è stato abbondantemente superato dal mercato giapponese.

Industrie, infatti, come la Kaway o la Yamaha hanno un fatturato annuo che supera di molto quello tedesco. La forza di queste case costruttrici va ricercata nella linea di pensiero che interpreta la ricerca come base fondamentale per un accrescimento della produttività.

Il livello raggiunto da queste industrie è difatti considerato altissimo.

Una strategia economica molto sottile è stata adottata, inoltre, da queste case costruttrici per ampliare il volume di affari proprio del mercato giapponese.

Le due società suddette hanno infatti immesso sul mercato pianoforti identici ma con una serie di nomi diversi e il cui prezzo era spesso di molto inferiore.

In tal modo si favoriva una classe di mercato più debole ma nel contempo molto più numerosa.

La Yamaha infatti ha immesso sul mercato pianoforti usando nomi diversi ad esempio Euterpe, Toyo, Takura ed altri. Strumenti identici agli originali Yamaha, ma con variazioni di prezzo spesso molto notevoli.

[3]La stessa strategia produttiva è stata copiata negli anni novanta dalla industria "Sole" di Catania.

---

[3] Esperienza personale

Dallo stesso macchinario e con lo stesso latte veniva confezionato sia il latte con marchio "Sole" sia il latte con marchio "Brio".

Stesso latte con nome e prezzo diversi.

Questa strategia però non ha trovato riscontro in un'altra casa costruttrice di strumenti musicali, flauti nella fattispecie, sempre in Giappone.

Quest'altra industria ha invece, e col rischio di gravi perdite, adottato la strategia di imporre il solo ed unico marchio proprio perfezionando all'ennesima potenza i loro prodotti.

La società Muramatsu è una società giapponese che produce solo flauti handmade. I loro manufatti sono realizzati con argento oppure con oro di 9K, 14K, 18K e 24k.

Da qualche tempo hanno anche in produzione flauti in platino che può essere acquistato solo con un ordinativo speciale.

La fabbrica principale è la Muramatsu Flute MFG Co. Ltd e si trova nella città di Tokorozawa in Giappone.

La società sorella che vende i flauti è invece la Muramatsu Inc. e si trova a Shinjuku e Tokyo, con filiali a Osaka, Nagoya e Yokohama in Giappone e rivenditori in tutto il mondo.

La filosofia della industria Muramatsu può essere rappresentata dalla seguente frase enunciata sui loro cataloghi:

"Muramatsu accetta la sua reputazione con umiltà, e continuerà a produrre nuovi modelli con sensibilità e con una assidua ricerca scientifica in modo da garantire la soddisfazione di tutti i compratori."

Questa strategia, anche se differente da quella di Yamaha e Kaway, ha portato comunque un enorme successo. Difatti, oggi Muramatsu vende molti più modelli di flauti professionali in tutto il mondo rispetto a qualsiasi altro produttore.

Il primo flauto Muramatsu fu creato nel 1923 da Koichi Muramatsu e da allora migliaia di artisti di tutto il mondo hanno scelto Muramatsu su tutte le altre marche. La leadership in seguito passò al figlio, Osamu Muramatsu.

Oggi la fabbrica continua la stessa tradizione di eccellenza nella produzione di flauti sotto la direzione di suo nipote, Akio Muramatsu.

CAPITOLO II

LE SOCIETÀ LTD

La Muramatsu è una Ltd.

[4]Secondo il diritto Inglese, la Società Limited (abbreviata a "Ltd") è una delle due forme di società commerciale di capitali Inglesi, che per alcune sue caratteristiche è molto simile alla nostra Società Responsabilità Limitata.

L'altra forma societaria Britannica, la Public Limited Company (Plc) è invece equivalente alla nostra Società per Azioni.

Si tratta di una persona giuridica che risponde autonomamente per tutti i suoi debiti ed obbligazioni, che può svolgere attività commerciali di qualsiasi tipo, può avere conti bancari, essere intestataria di immobili etc. In pratica è una creazione della legge,

---

[4] Da Wikipedia

che può svolgere autonomamente tutte le normali attività commerciali delle persone fisiche. Per una giurisprudenza molto antica della Corte di Giustizia Inglese più elevata, che risale addirittura al 1897, la società è una entità separata dalle persone dei soci e degli amministratori che l'hanno costituita e la gestiscono.

Si tratta quindi di un modo di svolgere attività commerciali che richiedono la partecipazione coordinata di più persone, oppure di circoscrivere il rischio dell'impresa al capitale sottoscritto e versato, evitando responsabilità personali dei soci e degli amministratori.

In Inghilterra esistono attualmente circa 1.269.500 Private Limited Companies, su un totale che include tutte le forme di società riconosciute di 1.281.100.

I diritti e gli obblighi di una Limited (Ltd) sono identici a quelli di una "S.r.l." in Italia.

Il suo capitale sociale minimo è di 100 Sterline inglesi e il suo valore può essere stabilito a libera scelta e non versato. La responsabilità limitata della società può essere ridotta ad un 2% del capitale sociale stabilito.

Per la costituzione della società occorre una sede legale (Registered Office) in Inghilterra e almeno due persone fisiche maggiorenni residenti o non residenti come soci (shareholder), che si nominano e rappresentano le figure di amministratore (director) e segretario - procuratore (secretary).

E' possibile aumentare il numero dei soci che possono avere anche la nazionalità straniera.

La società nel momento della sua costituzione è completamente operativa. Nessuna attesa è necessaria.

Gli svantaggi di una Ltd, però, stanno nella limitazione della responsabilità - come indica lo stesso nome, la responsabilità dei soci è, infatti, limitata (Limited) all'ammontare dei conferimenti, cioè delle azioni (Shares) sottoscritte e versate.

Non è necessario l'atto pubblico né l'intervento del notaio. Dato che non esiste un capitale minimo, non è necessario effettuare versamenti immediati né alla Società Limited né a terzi.

Gli amministratori (Directors) hanno la gestione e rappresentanza legale della Societa` Limited. La legge non indica un numero massimo, ma dichiara che ogni Societa` Limited deve averne almeno uno. Ove ci sia un solo Director, questi non puo` contemporaneamente svolgere anche le funzioni di Secretary.

Chiunque può svolgere la funzione di Director, si richiede solo la capacità d'intendere e l'accettazione sottoscritta della carica.

Chiaramente un cittadino Italiano può svolgere la funzione di Director di una Società Limited, anche se non è residente in Inghilterra né nel Galles.

I Directors accettano con la carica responsabilità personale per la regolare condotta della gestione della Societa` Limited ed in genere per il regolare deposito di tutta la documentazione che per legge si deve depositare periodicamente presso le Autorita` competenti.

I Directors sono poi anche personalmente e penalmente - civilmente responsabili per la bancarotta della Società Limited.

L'altra carica prevista espressamente dalla legge, è la carica del Secretary.

Il Secretary non ha una funzione determinata per legge, anche se normalmente è incaricato della tenuta dei libri obbligatori della Società Limited e svolge altre funzioni di natura puramente amministrativa.

Una Società Limited ha poche formalità contabili. In pratica ogni anno deve depositare un Modello Riepilogativo (Annual Return) che fornisce indicazioni sugli amministratori ed il segretario in carica, l'attuale sede legale, il capitale emesso e sottoscritto e alcuni dettagli sui soci.

Inoltre ogni anno deve depositare un bilancio (Balance Sheet) il conto economico (Profit and Loss) ed altra documentazione. Questa documentazione deve essere depositata entro 10 mesi dallo scadere   dell' anno finanziario.

I vantaggi di una Limited in Inghilterra, quindi, sono chiari. Come nazione tradizionale di commercio internazionale e mondiale, gli inglesi, infatti, si sono fatti regole e leggi semplici per svolgere una qualsiasi attività.

Operare in Italia, o in altri stati, con una Limited, così come ha fatto la fabbrica MURASMATSU, superando così le limitazioni imposte dalle leggi italiane o dei paesi di appartenenza, avvalendosi di una società costituita in Inghilterra, paese che possiede una legislazione più favorevole alle imprese ed una burocrazia più efficiente, è quindi vantaggioso. Infatti, le regole comunitarie consentono alle società costituite nei Paesi membri dell'UE di operare liberamente in ogni altro Paese membro, restando assoggettate alla legge del Paese di origine.

Quindi una società costituita in Inghilterra che intenda operare in Italia tramite una sede secondaria resta assoggettata alle regole contenute nel proprio statuto, redatto secondo la normativa vigente in Inghilterra, anche nel caso in cui la società operi esclusivamente in Italia senza svolgere alcuna attività nel Regno Unito.

In altri paesi, e specialmente in Germania e in Olanda, a partire dal 2002 migliaia di imprese si sono costituite nella forma della Limited (oltre 30.000), operando nei loro paesi come sedi secondarie di società inglesi e preferendo questa forma alle corrispondenti forme previste dalle legislazioni interne.

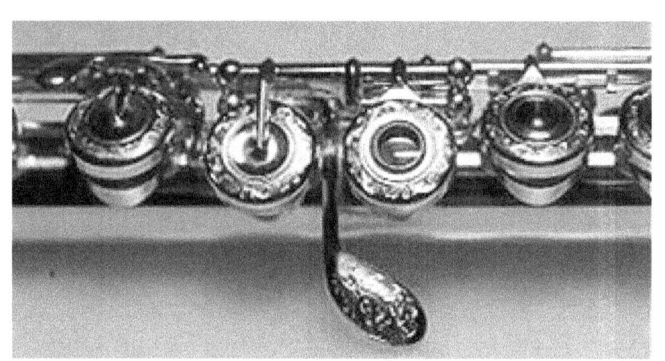

CAPITOLO III

IL MARKETING

Il percorso artistico fin qui esplicitato non può non immettersi nel campo dell'arte del marketing. Il marketing (termine inglese, spesso abbreviato in mkt o mktg) è un ramo dell'economia che si occupa dello studio descrittivo del mercato e dell'analisi dell'interazione del mercato, degli utilizzatori con l'impresa. Il termine prende origine dall'inglese market, cui viene aggiunta la desinenza del gerundio per indicare la partecipazione attiva, cioè l'azione sul mercato stesso. Marketing significa letteralmente "piazzare sul mercato". Questo piazzare, però, è sempre accompagnato "dall'arte" del piazzare. Già molti decenni addietro l'economista italiano Giancarlo Pallavicini introduceva le seguenti definizioni:

• Il marketing viene definito come quel processo sociale e manageriale diretto a soddisfare bisogni ed esigenze attraverso processi di creazione e scambio di prodotto e valori. È l'arte e la scienza di individuare, creare e fornire valore per soddisfare le esigenze di un mercato di riferimento, realizzando un profitto: delivery of satisfaction at a price.

• Il marketing management consiste invece nell'analizzare, programmare, realizzare e controllare progetti volti all'attuazione di scambi con mercati-obiettivo per realizzare obiettivi aziendali. Esso mira soprattutto ad adeguare l'offerta di prodotti o servizi ai bisogni e alle esigenze dei mercati obiettivo ed all'uso efficace delle tecniche di determinazione del prezzo, della comunicazione e della distribuzione per informare, motivare e servire il mercato.

Negli ultimi anni, il marketing ha iniziato ad abbandonare la prospettiva transazionale, per concentrarsi maggiormente sull'ottica relazionale.

Lo sviluppo della funzione del marketing nelle imprese è parte di una strategia di mercato che viene definita "proattiva", dove l'impresa ha un ruolo propositivo nei confronti dei bisogni del mercato. Le ultime tendenze sono volte allo studio del marketing esperienziale, che abbraccia la visione del consumo come esperienza, in cui il processo di acquisto si fonde con gli stimoli percettivi, sensoriali ed emozionali.

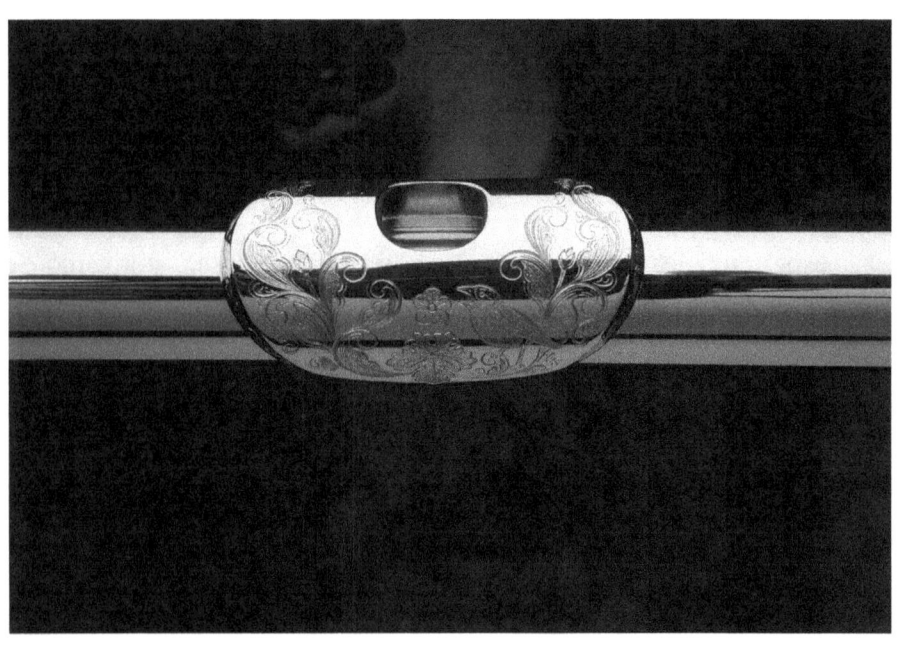

CAPITOLO IV

LA STATISTICA

La Statistica riguarda i metodi scientifici per raccogliere, ordinare, riassumere, presentare e analizzare i dati, ed anche per trarre valide conclusioni e prendere ragionevoli decisioni sulla base di tali analisi.

[5]In tutti i problemi di statistica ci si trova di fronte ad una massa (grande o piccola) di dati che sono raccolti, classificati ed elaborati in vista di certi scopi. Questi possono essere diversi da problema a problema ed oggi si distinguono, nella teoria della statistica tre rami principali che rispondono ai nomi di:

- Statistica Descrittiva. Si ha un problema di statistica descrittiva quando i dati raccolti si considerano come un ente a s'è, isolato

[5] Antonini-Truglia "La statistica e le statistiche"

quindi da altri analoghi che non sono stati raccolti. Se ad esempio, si vuol sapere quanti sono, in una biblioteca, i libri di matematica, quelli di economia, di fisica, di statistica e così via, è sufficiente considerare volume per volume, classificarlo secondo la materia trattata e riassumere i dati ottenuti in una tabella. Questo prospetto ha però un significato molto ristretto in quanto vale solamente per quella biblioteca, nell'istante considerato. In altre parole, i dati così raccolti servono solamente a descrivere certe caratteristiche di quella biblioteca.

- Statistica Inferente o inferenza statistica. Ben più complicata è la statistica inferente la quale opera su campioni e quindi su grandezze di tipo probabilistico. Lo scopo che si propone la statistica inferente può essere così sintetizzato: da una certa popolazione, i cui caratteri sono ignoti, si estrae un campione casuale e in base ai dati che esso fornisce si vuol provare (cioè accettare o respingere) una certa ipotesi, che riguarda la popolazione.

- Teoria delle Decisioni Statistiche. Si ha un problema di decisione quando si possono seguire diverse alternative per raggiungere un certo obiettivo e bisogna selezionarne una (o, eventualmente, alcune). La selezione avviene in modo che l'obiettivo da raggiungere sia ottimo, sotto un certo profilo. Inoltre il problema può presentarsi in condizioni di certezza oppure di incertezza, si intende, in questo secondo caso, che esso è connesso con eventi casuali.

Come esistono dei problemi la cui soluzione richiede l'impiego della matematica, dei problemi che si risolvono solamente ricorrendo alla fisica, così esistono certe questioni la cui risposta non può essere data che dopo aver effettuato una opportuna ricerca statistica.

Le fasi in cui si articola una ricerca statistica sono le seguenti:

1. Individuazione del fenomeno o dei fenomeni che si intendono studiare

2. Individuazione della popolazione (o universo statistico)delle singole unità statistiche che riguarderanno la ricerca.

3. Raccolta dei dati da ciascuna unità statistica, loro classificazione con compilazione di tabelle.

4. Tracciamento di diagrammi facendo uso delle tabelle precedentemente ricavate.

5. Elaborazione dei dati.

6. Conclusione a cui si perviene a seguito della ricerca.

Per quanto concerne la società Muramatsu possiamo notare che le preferenze registrate su un sottoinsieme della popolazione inerente i musicisti in campo flautistico sono maggiori rispetto alle altre case produttrici di strumenti musicali presenti nel mondo.

Marche di Flauto	Preferenze
Miyazawa	12%
Yamaha	11%
Pearl flute	13%
M. Grassi	8%
Powell flute	10%
Muramatsu flute	30%
Brannen Cooper flute	16%

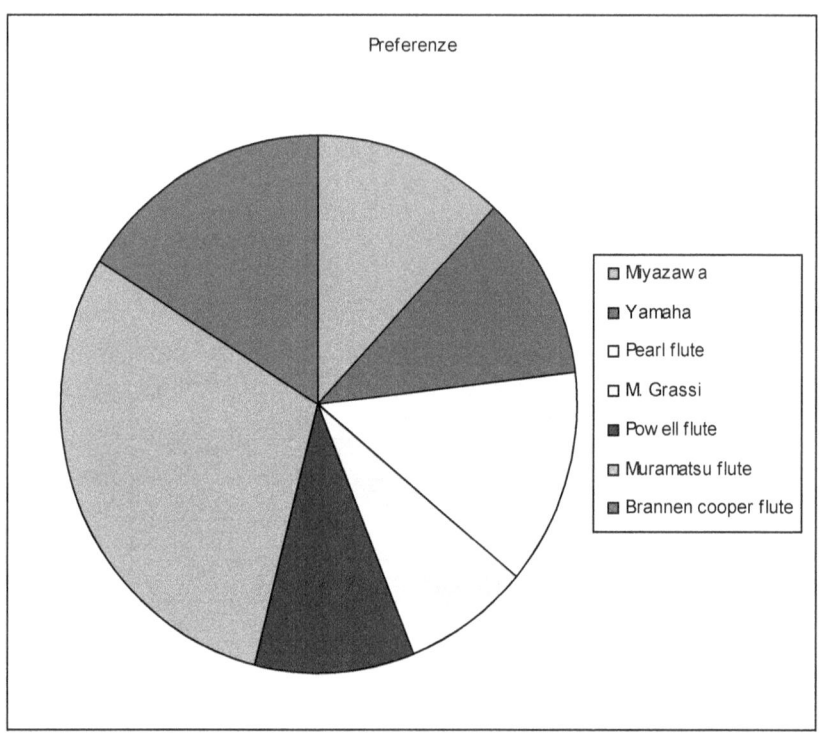

Preferenze

- ☐ Miyazawa
- ■ Yamaha
- ☐ Pearl flute
- ☐ M. Grassi
- ■ Powell flute
- ☐ Muramatsu flute
- ▨ Brannen cooper flute

NB: le rilevazioni statistiche sono state effettuate su un sottoinsieme della popolazione inerente i musicisti, flautisti nella fattispecie.

CAPITOLO V

LE FABBRICHE GIAPPONESI

Non si può parlare delle fabbriche giapponesi senza far riferimento al loro coinvolgimento nella seconda guerra mondiale. Risulta evidente che tutte le industrie giapponesi furono colpite da crisi e spesso miseria durante e dopo il conflitto. La Mitsubishi, ad esempio, ebbe un collasso totale, sia finanziario che strutturale, in quanto le sue fabbriche erano proprio ad alcuni chilometri dal punto in cui scoppiò la bomba atomica di Nagasaki.

Anche la Muramatsu, in quel periodo ebbe una profonda crisi in quanto era quasi impossibile reperire l'oro e l'argento che servivano per la costruzione dei flauti in quanto il governo giapponese reperiva questi metalli preziosi per il finanziamento dell'industria bellica.

Con una rapida sintesi del conflitto vediamo che l'Europa, che in quel periodo aveva cessato di avere il predominio mondiale, vedeva l'affermazione di nuove potenze come gli Stati Uniti, l'Unione Sovietica e, appunto, il Giappone. Specialmente gli Stati Uniti ed il Giappone, grazie all'enorme apparato industriale, commerciale e finanziario, si imposero come potenze dominante, anche sul modo di vivere.

Un fenomeno tipico dell'epoca fu la crescita dei movimenti popolari che, in tutti i Paesi, posero nuovi problemi ai vari Governi. Si svilupparono, inoltre, anche i movimenti per l'emancipazione femminile che portarono, in Gran Bretagna per la prima volta le donne al voto (1922).

Particolarmente drammatico, invece, fu il crollo della Germania, dove esplosero forti conflitti sociali. Solo l'appoggio finanziario degli Stati Uniti, dopo la catastrofe della prima guerra mondiale, consentì a Germania, Francia, Gran Bretagna e agli altri paesi europei di avviare l'opera di ricostruzione.

Il crollo finanziario della Germania, e la conseguente ascesa al potere di Hitler portò l'Europa a precipitare verso la guerra.

Mentre molti stati costruirono i loro eroi o "supereroi" in maniera pacata e socialmente costruttiva (può essere ad esempio la creazione di Nembo Kid negli USA), la Germania pose invece la sua massima fiducia nella mente di Hitler.

Il dato più certo della seconda guerra mondiale è comunque il numero di morti che sfiora la cifra dei 50 milioni oltre alla crisi economica di tutte le case costruttrici di strumenti musicali ed in particolare di quelle giapponesi.

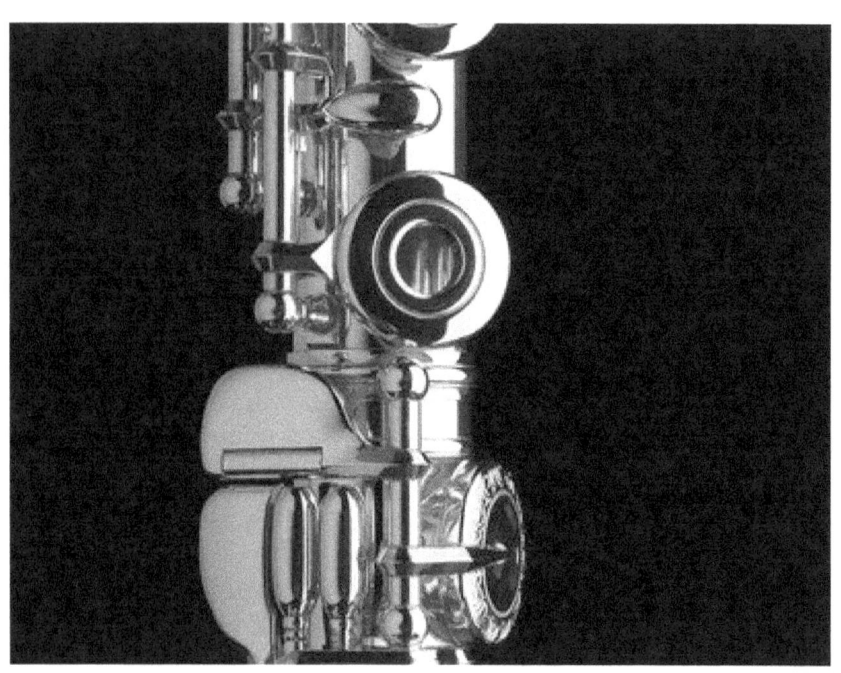

CAPITOLO VI

L'arte e il cervello

In tutta il mio lavoro fin qui esposto ho trattato svariati argomenti riconducibili o aventi rapporti con l'arte. Doveroso, però, fare riferimento alla parte del corpo umano predisposta alla concatenazione dell'arte con tutti gli altri settori del comportamento umano ovverossia "il cervello".

Da anni la ricerca si è concentrata in particolare su quanto sia positivo per la nostra crescita avvicinare i bambini all'arte ed in particolare alla musica.

Spesso i ragazzi sono distratti, svogliati, insufficienti nel rendimento scolastico e per i bambini che hanno queste caratteristiche i genitori sono spesso decisi a fare di tutto, pur di migliorare la situazione. Sostegno sociale, psicologico, farmacologico.

La risposta, che scaturisce da un andamento di pensiero oramai consolidata, è:

"E se invece bastasse solo avvicinare il piccolo a una forma d'arte?"

L'idea che gli artisti siano geniali è comune. La questione però è: sono le persone più intelligenti che si avvicinano alle arti oppure sono le ore passate a studiare musica, teatro, danza a modificare il cervello migliorando i processi cognitivi?

Per cercare di andare oltre i luoghi comuni, la ricerca si concentra sullo studio delle aree cerebrali sollecitate dalla formazione artistica per vedere se sono collegate ad altre aree, che sovrintendono a compiti diversi, o a prestazioni migliori in campi diversi da quelli artistici.

È una strada difficile da percorrere, perché la relazione immediata fra quantità di studio, per esempio di musica, e performance cognitiva - per esempio di risposte esatte a specifici test - è quasi impossibile da confermare scientificamente. Nell'educazione e nella crescita di un bambino ci sono troppe variabili in gioco: genetica, ambiente familiare, educazione scolastica, amici...

Ciò nonostante una delle prime scoperte in questo campo, oltre a spianare la strada alle ricerche successive, ha dato il via anche a molte semplificazioni, e a qualche fraintendimento.

Era il 1993, e un articolo su «Nature» annunciava al mondo la scoperta del cosiddetto «effetto Mozart»: alcuni studenti di college a cui era stata fatta ascoltare la musica del compositore austriaco avevano migliorato le loro capacità di ragionamento spaziale, fondamentali nella costruzione del ragionamento matematico e scientifico.

«Sull'onda di questo risultato si è scatenato anche molto marketing. «Per anni è sembrato che solo la musica classica, e in particolare quella di Mozart, potesse avere effetti sul cervello».

Non è cosi, e altre ricerche lo hanno dimostrato. L'ultima in ordine di tempo è quella di Elln Winner, del Boston College, e di Gottfried Schlaug, della Harvard University che insieme ai colleghi della McGill University hanno esaminato con la risonanza magnetica i cambiamenti prodotti nel cervello di bambini che avevano seguito un corso di musica di quattro anni, mettendoli a confronto con un gruppo di controllo che non aveva ricevuto alcun insegnamento musicale.

I risultati, pubblicati sul «Journal of Neuroscience», mostrano che i circuiti coinvolti nell'elaborazione degli stimoli musicali sono modificali nei bambini che studiano musica già dopo 15 mesi, ma non negli altri.

Nella testa del musicista

In che cosa è diverso il cervello dì chi suona?

[6]Sotto la lente degli neuroscienziati c'è il corpo calloso, il ponte che unisce l'emisfero destro a quello sinistro, formato da più di 300 di assoni.

Studi di imaging sui musicisti che hanno iniziato a suonare prima degli 8 anni dimostrano un maggiore sviluppo proprio di quest'area. «Un corpo calloso più sviluppato significa più banda elettrica, e quindi maggiore comunicazione fra gli emisferi».

E' più facile per queste persone mettere in collegamento la parte più veloce del cervello nell'elaborare i dati, dove risiede la capacità di linguaggio, cioè l'emisfero destro, e quella più lenta, che presiede a compiti più complessi, come l'elaborazione delle emozioni, cioè l'emisfero sinistro».

---

[6] Letizia Gabaglio "Articolo Giornalistico"

D'altronde che un pianista debba essere capace di eseguire tecnicamente bene un brano, allo stesso tempo, interpretare la musica dal punto di vista emotivo è evidente anche senza risonanza magnetica. Di più chi pratica musica ad alti livelli ha maggiori capacità di elaborazione delle informazioni sia nella memoria di lavoro, quella a breve termine, sia in quella a lungo termine. Una capacità che si estende oltre il dominio musicale.

Inoltre i bambini che seguono lezioni di musica hanno una maggiore capacità di rappresentazione geometrica e di apprendimento alla lettura rispetto a chi non pratica alcuno strumento. È come nel caso di un architetto che quando vede un ambiente riesce a immaginarlo già trasformato e arredato, così davanti a uno spartito, il musicista riesce a immaginare la musica, e per farlo deve far lavorare aree cerebrali lontane tra loro, che vengono chiamate a collaborare.

Capitolo VII

Cosa gira attorno alla vendita di strumenti musicali

"E-Commerce"

Il termine E-Commerce si riferisce all'uso di Internet per generare o portare a termine transazioni tra un'azienda e i suoi clienti, oppure tra due aziende. Gran parte del commercio elettronico di oggi è orientato a sostituire il modo tradizionale di prendere gli ordini con transazioni più efficienti basate sul Web per le transazioni di acquisto tra le imprese.

La scelta dell'E-Commerce presuppone che l'acquirente abbia preso la decisione fondamentale di cosa acquistare e riponga fiducia nel marchio: è solo la modalità di acquisto ad essere diversa, in futuro, il commercio elettronico andrà ben oltre, dando origine ad un mercato completamente digitale che esplora i gusti, crea e costruisce i marchi, mentre il processo di acquisto elettronico viene dato per scontato.

Per dare uno sguardo più da vicino al commercio elettronico, è utile suddividere il processo in cinque fasi:

1. Pubblicità: attrarre gli utenti interessandoli al sito Web di E-Commerce. Poiché Internet è un mercato globale, i fornitori possono vendere e gli acquirenti possono comprare da ogni parte

   del mondo. Ma catturare l'attenzione degli acquirenti sul Web è molto più difficile rispetto a quanto si riesce ad ottenere con la pubblicità convenzionale. La pubblicità sul Web deve essere accessibile, dinamica, interattiva e coinvolgente. Per rendere possibile questo livello di dinamismo (ad esempio le animazioni Java, DHTML, VRML), stanno sviluppandosi nuove tecnologie di "webblicità" (Webvertising).

2. Presentazione del prodotto: presentare il prodotto in forma elettronica. Nell'ambito del commercio convenzionale, un acquirente può prendere un oggetto, vedere se funziona e "sentirlo". Sul Web, la presentazione del prodotto può contare sull'uso di diversi supporti multimediali, quali video, audio 3D e animazioni, per catturare l'attenzione del cliente. Dopo aver attirato l'acquirente, il sito Web deve essere in grado di acquistare credibilità. La possibilità di esplorare un prodotto, vederlo da ogni angolazione e 'sentirlo' sono fondamentali perché il cliente si senta tranquillo nel procedere all'acquisto.

3. Transazione e realizzazione: transazioni veloci e sicure sono fondamentali e il meccanismo di realizzazione dovrebbe essere pienamente comunicato (conferma tramite e-mail) e deve essere rapido ed efficiente (numero di

bollettino di spedizione e URL* dove monitorare lo status della spedizione).

URL: Uniform Resource Locator o URL è una sequenza di caratteri che identifica univocamente l'indirizzo di una risorsa in Internet, come un documento o un'immagine.

4. Supporto post-vendita: durante una transazione di e-business è disponibile una guida on line, mentre un esteso supporto post-vendita tramite e-mail e Bulletin Board (Un BBS o Bulletin Board System è un computer che utilizza un software per consentire a utenti esterni di connettersi a esso attraverso la linea telefonica, dando la possibilità di utilizzare funzioni di messaggistica e file sharing centralizzato), garantisce che il cliente sia soddisfatto del suo acquisto, fornendo un supporto tempestivo se risultasse necessario.

5. Costruzione delle relazioni: consiste nel garantire il ritorno dei clienti e la ripetizione dell'acquisto sviluppando una politica di preferenza del marchio. Le tecnologie "push", basate sui gusti e

sulle preferenze note di un acquirente, possono determinare nuovi acquisti attraverso informazioni puntuali su servizi e prodotti. La videoconferenza può svolgere un ruolo fondamentale nello sviluppo e nel mantenimento di questo tipo di relazioni.

Che cos'è Internet...

Le reti geografiche nascono negli anni sessanta con l'obiettivo principale di collegare e quindi trasmettere velocemente i dati dalle varie basi militari in caso di attacchi nemici. Sventato però questo pericolo, il progetto è stato passato alle università che lo hanno utilizzato per permettere a docenti e ricercatori di scambiare messaggi tra i vari istituti. Questa prima rete, non a scopo di lucro, prese il nome di ARPANET e si è evoluta nel tempo collegando altri siti in varie parti del mondo fino a diventare la rete mondiale che oggi conosciamo come Internet. oggi, internet è una rete di computer mondiale ad accesso pubblico e che rappresenta uno dei principali mezzi di comunicazione di massa. Le singole reti che compongono internet si legano alle reti dei calcolatori più

piccoli. Internet è sviluppata in modo da essere indipendente dal tipo di computer e di rete utilizzata, è pertanto possibile collegarsi ad esso tramite un qualsiasi computer. Basta essere collegati ad un calcolatore pubblicamente accessibile. Internet è basata sul protocollo client-server (alla lettera cliente – servente è un tipo di applicazione che permette ad un computer client di istanziare un'interfaccia utente di un' applicazione connettendosi ad una server application o ad un sistema di database) e si basa su specifici protocolli, questi sono: E-mail (posta elettronica), trasferimento di file (FTP), Terminale remoto (Telnet), informazione Ipertestuale (WWW), informazione per aree di interesse (News).

• La posta elettronica permette ai vari utenti di scambiarsi messaggi anche se il destinatario non è collegato al computer (mezzo di comunicazione alternativo alla posta normale). I moderni sistemi di posta elettronica forniscono anche altre funzionalità quali: archivi di indirizzi, catalogazione dei messaggi, funzionalità di filtri ecc... Inoltre, in un messaggio e-mail è possibile inserire: testi, immagini, video, file binari e collegamenti ipertestuali. Anche la posta elettronica è basata sull'applicazione client-server.

CLIENT	SERVER
Interfacce in grado di connettersi al server per leggere i messaggi a loro	Memorizza e organizza i messaggi in base al destinatario a cui

destinati ed inviare altri messaggi	devono essere recapitati

Il protocollo SMTP (Simple Mail Trasfer Protocol) permette di smistare i messaggi ricevuti verso i relativi destinatari. Non richiede necessariamente l'identificazione dell'utente per inviare altri messaggi. Il POP (Post Office Protocol) è il server di posta in entrata al quale l'utente si collega per leggere i messaggi della sua casella di posta (mailbox). E' sempre necessaria l'identificazione (Nome Utente e Password). I programmi per la gestione della posta elettronica si basano su vari protocolli, i principali sono: POP3, SMTP, MIME.

-   POP3: permette tramite autenticazione (user-name e password) l'accesso ad un account di posta elettronica presente su di un HOST (elaboratore o terminale) per scaricare e-mail del relativo account.

- SMTP: protocollo utilizzato in Internet per la trasmissione di posta elettronica. Specifica l'esatto formato dei messaggi per effettuare il trasferimento.

- MIME: Multipurpose Internet Mail Exstensions, permette ai dati di vari formati di essere inviati tramite posta elettronica senza essere convertiti in ASCII.

Mailing list (lista per corrispondenza) – strumento utilizzato per la partecipazione di più persone in una discussione asincrona tramite e-mail.

• L'utilizzo delle reti ci permette di collegarci con altri computer remoti. I protocolli per svolgere queste operazione costituiscono le basi di Internet.

TCP/IP: insieme di protocolli per inviare e ricevere dati via rete, indirizzare richieste e risposte, gestire i flussi di comunicazione. Suite standard (termine preciso) di protocolli composta da due strati:

TCP	IP
Trasmission Control Protocol	IP Address è il numero univoco a livello mondiale costruito su regole standard: codice di massimo 32bit rappresentato da 4 numeri in notazione decimale separati da punti.
Suddivide i dati in pacchetti e controlla che questi raggiungano la destinazione.	

Telnet – protocollo che permette ad un computer di connettersi ad un altro computer effettuando un login remoto. Grazie a questo è possibile l'accesso alle risorse allocate su altre macchine con un carico di rete generalmente molto basso (sempre basato sul principio client-server):

CLIENT	SERVER
Computer locale dove opera l'utente	Computer remoto

FTP – File Transfer Protocol, permette il trasferimento di file in formato ASCII o binario tra una macchina e l'altra. Usato principalmente per download e upload di programmi e dati.

E' molto facile trovare su internet server che permettono di scaricare file. Per questo, vi sono normalmente due tipi di accesso:

Pubblico (o anonimo) – fornendo nome utente e indirizzo e-mail come password si accede alle aree messe a disposizione di tutti i file system del server.

Privato (o autenticato) – fornendo user-name e password si accede all'area che il server mette a disposizione per l'utente.

• Le newsgroup sono gruppi di discussione a tema. Sostanzialmente è un forum dedicato ad uno specifico argomento ed è destinato a ricevere articoli provenienti da partecipanti alla discussione. Gli articoli vengono inviati in modo che tutti possano vederli e commentari ma altri sono anche privati. Usenet è la principale rete di newsgroup accessibile in Internet.

• World Wide Web (www) è un servizio di Internet che consiste in un insieme vastissimo di contenuti multimediali e di servizi accessibili a tutti o ad una parte selezionata degli utenti di Internet. Possiamo definirlo come una biblioteca elettronica contenente documenti in formato ipertestuale (per ipertesto si intende un documento organizzato in modo non necessariamente sequenziale. Le informazioni possono presentarsi in vari formati e le pagine sono collegate tra loro tramite link (legame tra una pagina e un file che contiene un'altra pagina). Gli elaboratori che forniscono l'accesso alla pagine in questione sono i web server (elaboratori che contengono le pagine web organizzate in siti).

Ogni indirizzo e formato da: computer (www), sottodominio(Es: ciao) e dominio (Es: net).

Browser – programma client dotati di interfaccia grafica per interfacciarsi con i web server. Permettono di visualizzare le pagine web e sono capaci di interpretare l'HTML.

http – Hypertext Transfer Protocol, permette la trasmissione di ipertesti. Facilita la consultazione di documenti in formato HTML nonché la navigazione ipertestuale.

HTML – Hypertext Markup Language è un linguaggio per scrivere documenti ipertestuali. Basato su file di testo (ASCII) composti di elementi HTML individuati da tag. Il browser visualizza i documenti in HTML interpretandone i tag.

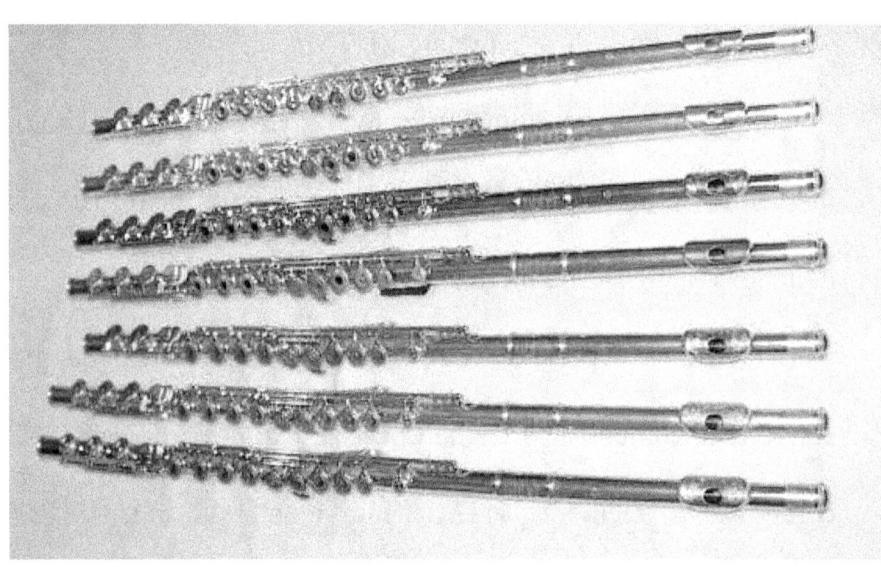

60

BIBLIOGRAFIA

J. A. SLOBODA *La mente musicale*. Oxford. 1985. Il Mulino. 1998

M. DELLA CASA *La comunicazione musicale e l'educazione.* Brescia. Ed. La scuola, 1985

Wikipedia *Enciclopedia on-line*

Antolini-Truglia *"La statistica e le statistiche"* LED edizioni universitarie

Sun Tsu *"L'arte della guerra"*

Francesca Ricci *"Guida alla lettura di Montale"* Carocci editore 2005

Salvatore Coico *"Da Beatrice a Clizia"* edito on line

Letizia Gabaglia *Articolo giornalistico*

Teniers David the younger: Il flautista

67

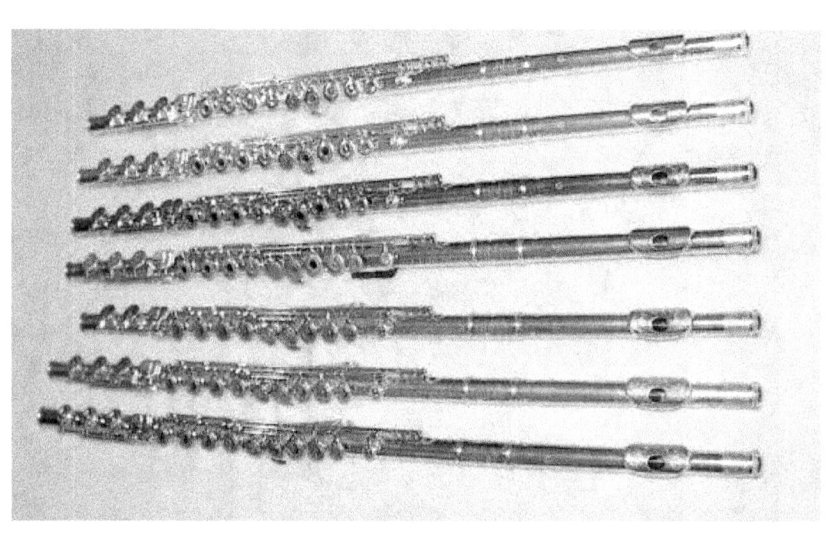

www.ingramcontent.com/pod-product-compliance
Lightning Source LLC
Chambersburg PA
CBHW070321290526
45791CB00003B/1199